Friendly rangers at the parks will provide help and information to anyone who requests it. Most parks have information available in other languages. Our parks are here for everyone to visit and enjoy!
Amables guardabosques en los parques proporcionarán ayuda e información a cualquier persona que la solicite. La mayoría de los parques tienen información disponible en otros idiomas. ¡Nuestros parques están aquí para que todos los visiten y disfruten!
D0869348
OPEN

National Parks of America
Parques des América
MOUNT RAINIER
MOUNT RUSHMORE
REDWOODS
HOMESTEAD
LAKE MEREDITH
THE GRAND CANYON
PETROGLYPH
KATMAI
HAWAI'I VOLCANOES

Every state in America has a national park site: from Maine to Hawaii, from Florida to Alaska. Altogether, there are over 400!

Cada estado en los Estados Unidos tiene un lugar oficial del sistema de parques nacional: desde Maine hasta Hawai, desde Florida hasta Alaska. En total, ¡hay más de 400 parques!

There are parks in the middle of big cities and in small towns miles from anywhere. Some parks contain hundreds of acres, and some preserve a single building.

Hay parques en el centro de grandes ciudades y en pueblos pequeños situados a millas de cualquier otro lugar. Algunos parques contienen cientos de acres, y algunos conservan un solo edificio.

National parks protect America's natural beauty, from giant mountains, to clear blue lakes and rivers, to deserts, plains, and seashores.

Los parques nacionales protegen la belleza natural de Estados Unidos, desde montañas gigantes, lagos y ríos azules, a desiertos, llanuras y costas.

Nuestros parques relatan la fascinante historia de Estados Unidos. Hay parques donde se libraron batallas de la Guerra de la Independencia y la Guerra Civil. Otros parques interpretan nuestra historia marítima y ferroviaria.

Our parks tell the fascinating story of America's history. There are parks where Revolutionary War and Civil War battles were fought. Other parks interpret our maritime and railroad history.

Important events in American history are explored, like the signing of the Declaration of Independence, the end of the Civil War, the Civil Rights movement, and the arrival of immigrants.

Se exploran acontecimientos importantes en la historia de Estados Unidos, como la firma de la Declaración de Independencia, el final de la Guerra Civil, el Movimiento por los Derechos Civiles y la llegada de inmigrantes.

Many different types of trees, plants and wildlife - including some that are endangered species - are protected at national parks.
Muchos tipos diferentes de árboles, plantas y vida silvestre – incluso algunas especies en peligro de extinción – reciben protección en los parques nacionales.

Our parks examine the lives of the people who helped make America great: individuals who fought for civil rights, became great leaders, created important inventions, or wrote famous books.

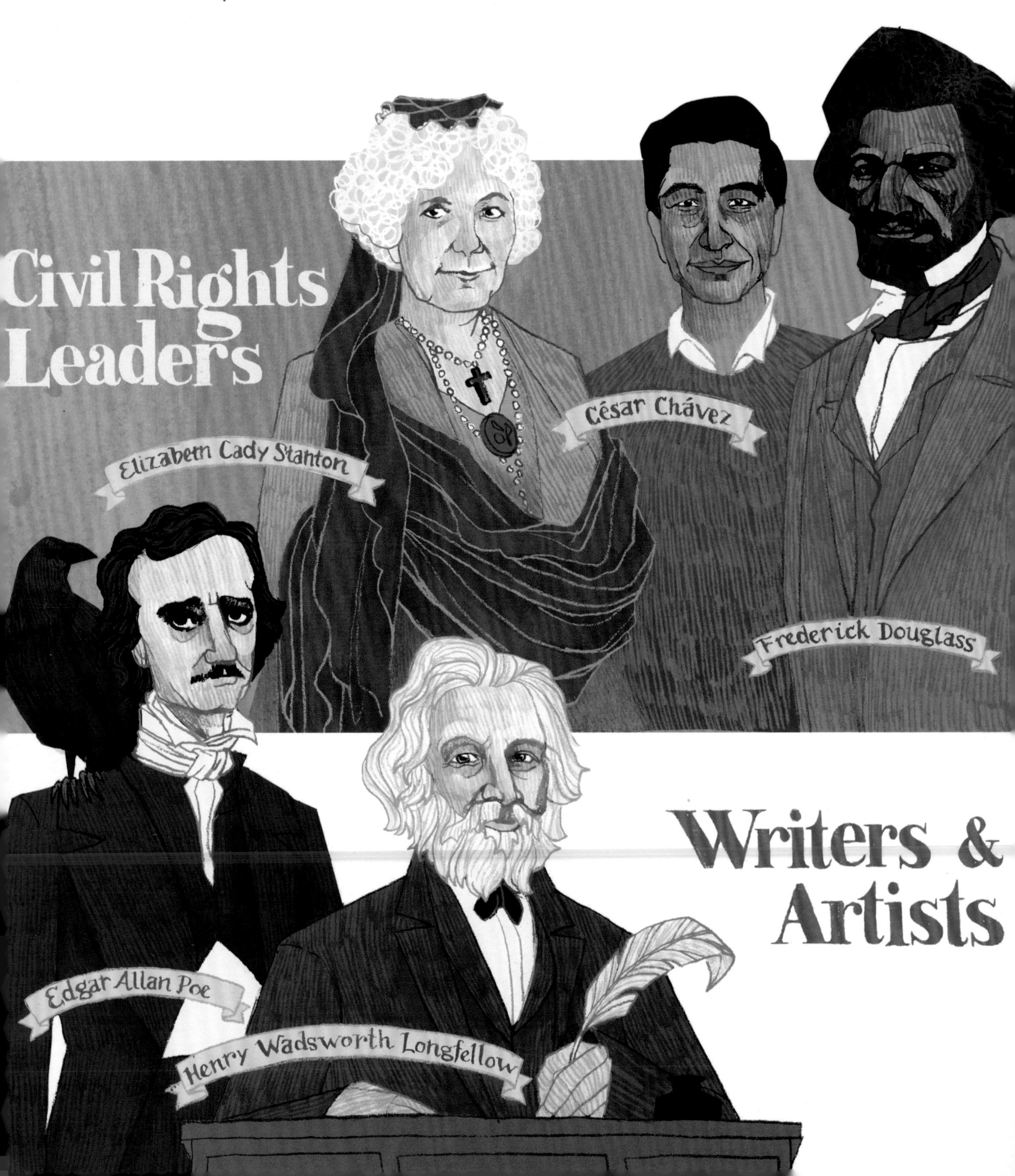

Most parks have visitor centers where you can get information. Many also have bookstores with lots of neat stuff. You can become a Junior Ranger by doing fun activities in the park. If you can't visit a park, you can still learn and have fun by using your computer to become a WebRanger. www.nps.gov/webrangers

There are park rangers at all national parks. They are there to help you enjoy your visit and to help you learn about the park. Some rangers protect our parks by putting out forest fires!

Hay guardabosques en todos los parques nacionales. Ellos están ahí para ayudarle a disfrutar de su visita y para ayudarle a aprender sobre el parque. ¡Algunos guardabosques protegen nuestros parques extinguiendo incendios forestales!

Parks are great places to have fun! At some parks you can swim, hike, canoe, or camp with your family!

¡Los parques son excelentes lugares para divertirse! ¡En algunos parques se puede nadar, hacer senderismo, ir en canoa o acampar con su familia!

Los parques nacionales y los sitios históricos nos ayudan a aprender acerca de cómo vivían diferentes personas, desde los que estaban aquí hace cientos de años, a los que vinieron después y ayudaron a establecer una nueva nación.

National parks and historic sites help us learn about how different people lived, from those who were here hundreds of years ago, to those who came later and helped settle a new nation.

Nuestros parques examinan la vida de personas que ayudaron a hacer de Estados Unidos un gran país: individuos que lucharon por los derechos civiles, que se convirtieron en líderes distinguidos, que crearon importantes invenciones o que escribieron libros famosos.

La mayoría de los parques tienen centros de visitantes donde se puede obtener información. Muchos también tienen librerías con un montón de cosas realmente interesantes. Usted puede convertirse en un Junior Ranger haciendo actividades divertidas en el parque. Si usted no puede visitar un parque, todavía puede aprender y divertirse si usa su computadora para convertirse en un WebRanger. www.nps.gov/webrangers

Thanks for reading about our national parks! We hope you have the chance to visit one soon. Remember, there are all types of parks all across the country. There is probably a park close to where you live. Read and learn more about America's national parks at www.nps.gov.
¡Gracias por leer acerca de nuestros parques nacionales! Esperamos que usted tenga la oportunidad de visitar uno pronto. Recuerde, hay todo tipo de parques en todo el país. Probablemente hay un parque cerca de donde usted vive. Lea y aprenda más sobre los parques nacionales de Estados Unidos en www.nps.gov.